Ernst Probst

Die Straubinger Kultur in Deutschland

Eine Kultur der Bronzezeit von etwa 2300 bis 1600 v. Chr.

Ernst Probst

Die Straubinger Kultur in Deutschland

Eine Kultur der Bronzezeit von etwa 2300 bis 1600 v. Chr.

GRIN Verlag

Bibliografische Information der Deutschen Nationalbibliothek: Die Deutsche Bibliothek verzeichnet diese Publikation in der Deutschen Nationalbibliografie; detaillierte bibliografische Daten sind im Internet über http://dnb.d-nb.de/ abrufbar.

1. Auflage 2011
Copyright © 2011 GRIN Verlag GmbH
http://www.grin.com
Druck und Bindung: Books on Demand GmbH, Norderstedt Germany
ISBN 978-3-656-06044-4

Bronzener Schmuck einer Frau der Straubinger Kultur
vom namengebenden Fundort Straubing in Bayern
nach einer Rekonstruktion des Mainzer Prähistorikers
Hans-Jürgen Hundt (1909–1990)

Ernst Probst

Die Straubinger Kultur
in Deutschland

Eine Kultur der Bronzezeit
von etwa 2300 bis 1600 v. Chr.

Widmung

Den Wissenschaftlern gewidmet,
die mich bei meinem Buch
»Deutschland in der Bronzezeit« (1996)
bei den Recherchen über Kulturen
der Frühbronzezeit
besonders unterstützt haben:

Dr. Gretel Gallay (heute Callesen), Nidderau
Professor Dr. Hans-Eckart Joachim, Bonn
Professor Dr. Horst Keiling, Schwerin
Professor Dr. Rüdiger Krause, Frankfurt am Main
Dr. Friedrich Laux, Hamburg
Dr. Peter Schröter, München
Dr. Klaus Simon, Dresden

Vorwort

Eine Kultur der Bronzezeit, die von etwa 2300 bis 1600 v. Chr. in Südbayern (Niederbayern, Oberbayern sowie teilweise in der Oberpfalz und Schwaben) existierte, steht im Mittelpunkt des Taschenbuches »Die Straubinger Kultur in Deutschland«. Geschildert werden die Anatomie und Krankheiten der damaligen Ackerbauern und Viehzüchter, ihre Siedlungen, Kleidung, ihr Schmuck, ihre Keramik, Werkzeuge, Waffen, Haustiere, Jagdtiere, ihr Handel und ihre Religion.

Verfasser dieses Taschenbuches ist der Wiesbadener Wissenschaftsautor Ernst Probst. Er hat sich vor allem durch seine Werke »Deutschland in der Urzeit« (1986), »Deutschland in der Steinzeit« (1991) und »Deutschland in der Bronzezeit« (1996) einen Namen gemacht.

Das Taschenbuch »Die Straubinger Kultur in Deutschland« ist Dr. Gretel Gallay, Professor Dr. Hans-Eckart Joachim, Professor Dr. Horst Keiling, Professor Dr. Rüdiger Krause, Dr. Friedrich Laux, Dr. Peter Schröter und Dr. Klaus Simon gewidmet, die den Autor mit Rat und Tat bei seinen Recherchen über Kulturen der Frühbronzezeit unterstützt haben. Es enthält Lebensbilder der wissenschaftlichen Graphikerin Friederike Hilscher-Ehlert aus Königswinter.

Inhalt

Der dänische Archäologe
Christian Jürgensen Thomsen (1788–1865)
hat 1836 die Urgeschichte
nach dem jeweils am meisten verwendetem Rohstoff
in drei Perioden eingeteilt:
Steinzeit, Bronzezeit und Eisenzeit.

Verbreitung der Kulturen und Gruppen während der älteren Frühbronzezeit (etwa 2300 bis 1800 v. Chr.) in Deutschland

Die Frühbronzezeit in Deutschland

Abfolge und Verbreitung der Kulturen und Gruppen

Die Frühbronzezeit (Bronzezeit A) wurde in Deutschland zunächst in eine ältere Stufe (A 1) und in eine jüngere Stufe (A 2) unterteilt. Jene Gliederung aus dem Jahre 1924 geht auf den damals in München arbeitenden Prähistoriker Paul Reinecke (1872–1958) zurück. Er hatte sie anfangs nur als Unterteilung der Straubinger Kultur vorgesehen, später wurde sie von anderen Autoren auf frühbronzezeitliche Kulturen in Süd- und Mitteldeutschland übertragen.

Heute teilt man die Frühbronzezeit entweder in drei Abschnitte (Stufen A 1, A 2, A 3) oder in vier Abschnitte (Phasen 1, 2, 3, 4) ein. Einer der ersten, der eine Dreigliederung vorschlug, war 1957 der damals in München tätige Prähistoriker Rolf Hachmann. Die Gliederung in vier Abschnitte wurde 1964 durch den Münchener Prähistoriker Rainer Christlein (1940–1983) vorgenommen.

In Mitteldeutschland gab die Aunjetitzer Kultur den Auftakt zur Frühbronzezeit. Diese existierte etwa von 2300 bis 1600/1500 v. Chr.[1] Die Aunjetitzer Kultur war in der Stufe A 1 in Thüringen, Sachsen und Sachsen-Anhalt heimisch. In der Stufe A 2 breitete sie sich auch ins östliche Niedersachsen und nach Brandenburg aus.

13

Die Funde der Aunjetitzer Kultur in Mecklenburg-Vorpommern sind lediglich Importe.

Im östlichen Süddeutschland begann die Frühbronzezeit mit der Straubinger Kultur. Sie behauptete sich ungefähr von 2300 bis 1600 v. Chr. in Südbayern (Niederbayern, Oberbayern sowie teilweise in der Oberpfalz und Schwaben). Ihr jüngerer Abschnitt wird auch als Langquaid-Stufe bezeichnet.

Westlich an die Straubinger Kultur grenzte die Singener Gruppe an. Sie existierte in südlichen Teilen Baden-Württembergs um 2300/2200 bis 1800 v. Chr. Die etwa gleichaltrigen Gräber am Ober- und Hochrhein werden der Oberrhein-Hochrhein-Gruppe zugerechnet. Zwischen etwa 1800 und 1600 v. Chr. war gebietsweise im südlichen Baden-Württemberg die Arbon-Kultur verbreitet.

Im Nördlinger Ries und im oberen Altmühltal bei Treuchtlingen unterschied sich die Ries-Gruppe vor allem durch ihre Grab- und Bestattungssitten von der teilweise gleichzeitigen Straubinger Kultur. Erstere Kulturstufe dauerte ungefähr von 2300/2200 bis 1800 v. Chr.

Im mittleren Neckarland behauptete sich um 2300/2200 bis 1800 v. Chr. die Neckar-Gruppe.

Nördlich der Neckar-Gruppe schloss sich in Südwestdeutschland die Adlerberg-Kultur an. Sie hielt sich etwa von 2100 bis 1800 v. Chr. gebietsweise in Rheinland-Pfalz, Hessen und im nördlichen Baden-Württemberg (Nordbaden).

Während der Frühbronzezeit gab es ein deutliches Kulturgefälle zwischen Norddeutschland und Nordrhein-Westfalen auf der einen Seite sowie Süd- und Mitteldeutschland auf der anderen Seite. Der Norden war damals in metalltechnischer Hinsicht rückschrittlicher als der Süden, wo die Neuerungen der Metallurgie früher Fuß fassten. Dies ist der Grund dafür, dass in Norddeutschland und in Nordrhein-Westfalen die Frühbronzezeit später begann als in Süd- und Mitteldeutschland. Im Norden existierten während der süddeutschen Frühbronzezeit noch Kulturen auf dem Niveau der späten Jungsteinzeit, allerdings mit einer zur Vollendung geführten Feuerstein-Technik.

Im östlichen Westfalen, im westlichen mittleren Niedersachsen und im südlichen Schleswig-Holstein markierte der Sögel-Wohlde-Kreis den Auftakt der Frühbronzezeit. Er ist von etwa 1600 bis 1500 v. Chr. nachweisbar und entspricht der frühen mittelbronzezeitlichen Hügelgräber-Kultur im Süden und Südosten.

In Mecklenburg-Vorpommern-Vorpommern gab es von etwa 1800 bis 1500 v. Chr. die nordische frühe Bronzezeit, die auch frühe Bronzezeit des Nordischen Kreises genannt wird. Sie beginnt mit einer Art Phasenverschiebung um eine Bronzezeitstufe später als die süd- und mitteldeutsche Frühbronzezeit. Die nordische frühe Bronzezeit entspricht der Periode I in der Chronologie des schwedischen Prähistorikers Oscar Montelius (1843–1921).

PAUL REINECKE,
geboren am 25. September 1872
in Berlin-Charlottenburg,
gestorben am 12. Mai 1958 in Herrsching.
Er wirkte 1897 bis 1908
am Römisch-Germanischen Zentralmuseum
in Mainz. 1908 bis 1937
war er Hauptkonservator
am Bayerischen Landesamt
für Denkmalpflege in München.
1917 wurde er kgl. Professor.
Reinecke teilte 1902 die Bronzezeit
in die Stufen A bis D ein.
1902 sprach er von der Straubinger Kultur
sowie von der Grabhügelbronzezeit
und später von der Hügelgräber-Bronzezeit.

»Heiliges Geld« für die Götter

Die Straubinger Kultur

Von etwa 2300 bis 1600 v. Chr. war in Südbayern (Niederbayern, Oberbayern sowie teilweise in der Oberpfalz und Schwaben) die Straubinger Kultur verbreitet. Ausläufer behaupteten sich auch in Oberösterreich, im Land Salzburg und im Raum Kufstein in Nordtirol. Ihre Metallhandwerker haben in der frühen Stufe noch Erzeugnisse aus unlegiertem Kupfer und erst in der späten Stufe aus Bronze hergestellt. Die Straubinger Kultur gilt als die älteste Kultur der Frühbronzezeit im östlichen Süddeutschland.

Der Begriff »Straubinger Kultur« wurde 1902 durch den damals am Römisch-Germanischen Zentralmuseum, Mainz, arbeitenden Prähistoriker Paul Reinecke (1872–1958) geprägt, der ab 1908 als Konservator am Generalkonservatorium der Kunstdenkmale und Altertümer Bayerns in München wirkte. Der Ausdruck bezieht sich auf mehrere Gräberfelder im Raum Straubing, von denen das in der Ziegelei Ortler am frühesten entdeckt wurde.

Der etwa von 1800 bis 1600 v. Chr. während späte Abschnitt der Straubinger Kultur wird auch Langquaid-Stufe genannt. Diese Bezeichnung geht ebenfalls auf Paul Reinecke zurück. Er hatte 1924 den an drei Fundorte erinnernden Namen »Stufe von Trassem-Langquaid-Tinsdahl« erfunden. Heute spricht man nur noch von der Langquaid-Stufe nach dem Depot-fund von Langquaid[1] (Kreis Kelheim) in Nieder-bayern.

Wie die Funde aus den Gräbern zu belegen scheinen, waren die Männer der Straubinger Kultur nicht sehr kriegerisch. Zu dieser Erkenntnis gelangte der Mar-burger Prähistoriker Friedrich Holste (1908–1942). Den Reichtum in den Frauengräbern wertete er als Anzeichen dafür, dass die Frauen völlig gleichberechtigt gewesen seien.

Untersuchungen der Skelettreste aus den Gräbern von München-Englschalking und Poing (Kreis Ebersberg) durch den Münchener Anthropologen Peter Schröter ergaben für die Männer eine Körperhöhe bis zu 1,69 Metern und für die Frauen bis zu 1,59 Metern. Ein Mann aus Anzing (Kreis Ebersberg) erreichte 1,73 Meter. Die Schädel waren meistens rundlich und kurz.

An den Gebissen stellte Schröter stark abgekaute Zähne, Karies und Zahnstein fest. Außerdem waren manchmal Weisheits- oder Schneidezähne nicht angelegt. Ein Mann aus München-Englschalking und eine Frau aus Poing litten unter einem Wurzelspitzenprozess. Einem etwa neun Jahre alten Kind in Poing war im Unterkiefer der rechte erste Milchbackenzahn ausgefallen, im Oberkiefer fehlten beide seitlichen Schneidezähne.

Siebartige Porositäten des Augenhöhlendachs (Cribra orbitalia) bei zwei Frauen in Poing und einer Frau in München-Englschalking deuten auf Eisenmangel in der Nahrung hin. Bei einem Mann von Poing waren zwei Halswirbelkörper verwachsen. Ein anderer Mann in Poing hatte an beiden Schienbeinen eine »Hockerfacette«, die durch häufiges Hocken auf der Ferse entstand.

In Mangolding (Kreis Regensburg) wurde ein Schädel mit einer verheilten Schlagverletzung geborgen. Als Folge eines Schlages wird auch das leicht deformierte Nasenbein eines Mannes aus Poing gedeutet. Im Wochenbett ist vermutlich eine in Langenpreising (Kreis Erding) zusammen mit einem Säugling bestattete Frau gestorben. Ein Männerschädel aus Königsbrunn (Kreis Augsburg) weist Spuren einer Operation (Trepanation) auf.

Fragmente feinen Leinengewebes – einmal mit Resten eines eingewebten Wollstreifens – verraten, aus welchen Materialien die Kleidung angefertigt wurde. Viele tönerne, spitzkegelige Webgewichte aus Siedlungen spiegeln die hochentwickelte Webkunst wider. Nadeln hielten die Gewänder von Männern und Frauen zusammen. Damit sie nicht herausrutschten, zog man mitunter einen Faden durch den ringförmigen Nadelkopf und wickelte ihn um die Nadelspitze, die aus dem Stoff ragte.

Als Kopfbedeckung trugen die Frauen eine Haube aus schwerem Stoff oder Leder. Lederreste, die auf der Rückseite eines Blechbandes hafteten, wurden in einem Grab am Alburger Hochweg in Straubing entdeckt. Das Blechband war vermutlich auf ein Band oder eine Haube genäht. Hauben sind damals im Donauraum weit verbreitet gewesen.

Die Straubinger Leute wohnten meistens in einzelnen Gehöften oder in aus wenigen Hütten bestehenden Weilern. An Ufern von Flüssen waren ihre Siedlungen manchmal fast wie an einer Perlenkette aufgereiht. In Kelheim fand man Hinweise auf in Gruben eingetiefte Hütten.

Hüttenlehm mit Abdrücken von Hölzern und Rutengeflechten sind aus Straubing (Ziegelei Jungmeier) und Geltofing (Kreis Straubing-Bogen) bekannt. Das Bauholz war manchmal bis zu 20 Zentimeter dick. Dem Lehm mengte man Getreidespelzen und -körner bei, damit er beim Trocknen nicht riss. Weißliche und mehlig-graue Farbspuren an Hüttenlehm aus Straubing (Ziegelei Jungmeier) stammten wohl vom Anstrich.

In der Übergangszeit zwischen jüngerer Frühbronzezeit und älterer Mittelbronzezeit existierte eine fünf Häuser umfassende Siedlung an einem alten Donauzulauf südlich von Zuchering[2] bei Ingolstadt in Bayern. Dort waren die Behausungen etwa 20 bis 25 Meter lang und sechs bis zehn Meter breit. In den Fußboden hatte man tönerne Vorratsgefäße eingelassen. Der für den Verputz der Wände benötigte Lehm wurde aus Gruben in der Umgebung der Häuser entnommen. Weitere Flachlandsiedlungen aus der Frühbronzezeit kennt man aus Gaimersheim[3] (Kreis Eichstätt), Sengkofen[4] (Kreis Regensburg) und möglicherweise auch aus Malching[5] (Kreis Passau).

Außer Siedlungen im Flachland wurden gegen Ende der Frühbronzezeit auch Siedlungen in Höhenlage errichtet.[6] Unbefestigte Höhensiedlungen sind auf dem Schlossberg von Kallmünz[7] (Kreis Regensburg) und auf der Reisensburg bei Günzburg[8] (Kreis Günzburg) errichtet worden.

Höhensiedlungen, die durch hohe Wälle geschützt waren, vermutete man früher auf dem Margarethenberg bei Burgkirchen an der Alz[9], auf dem Einsiedelbuckel bei Passau[10], auf dem Bogenberg bei Straubing[11] und auf dem Frauenberg bei Weltenburg[12]. Doch später wurde die Existenz von solchen »Burgen« zumindest auf dem Bogenberg und dem Frauenberg bezweifelt, weil man dort bei neuen Grabungen keine diesbezüglichen Beweise fand.

Dass die Straubinger Leute möglicherweise auch auf Inseln in Seen siedelten, belegen die Funde von der Roseninsel im Starnberger See[13]. Außerdem hat man in der zweiten Hälfte des 19. Jahrhunderts angeblich im Alpsee bei Immenstadt, im Ammersee und im Chiemsee Reste von »Pfahlbauten« entdeckt, doch diese alten Funde sind verschollen und nicht überprüfbar.

In vielen Höhlen Südbayerns zeugen Keramikreste aus der späten Frühbronzezeit von Aufenthalten damaliger Menschen. Das war in der Höhle bei Arnsberg, dem Silberloch im Essinger Forst, der Maihöhle im Hienheimer Forst, der Nische am Heidenstein von Neuessing und im Schulerloch bei Neuessing (alle im Kreis Kelheim) sowie in der Höhle Altes Haus und der Höhle im Lohberg von Geroldsee-Krumpenwinn (beide im Kreis Regensburg) und der Buchschlaghöhle bei Rohrbach (Kreis Neuburg-Schrobenhausen) der Fall. Getreidespelzen im Hüttenlehm und in tönernen Webgewichten sowie Abdrücke von Getreidekörnern in Scherben von Tongefäßen lieferten Hinweise auf den Ackerbau. Fundort all dieser Relikte war Straubing (Ziegelei Jungmeier), wo auch ein Mahlstein geborgen

Zeichnung auf Seite 23:

*Flachlandsiedlung von Zuchering bei Ingolstadt in Bayern
aus der Übergangsphase von jüngerer Frühbronzezeit
zur frühen Mittelbronzezeit.*
*Die Häuser dieses Dorfes waren 20 bis 25 Meter lang
und sechs bis zehn Meter breit.*
*Zeichnung von Friederike Hilscher-Ehlert, Königswinter,
für das Buch »Deutschland in der Bronzezeit« (1996)
von Ernst Probst*

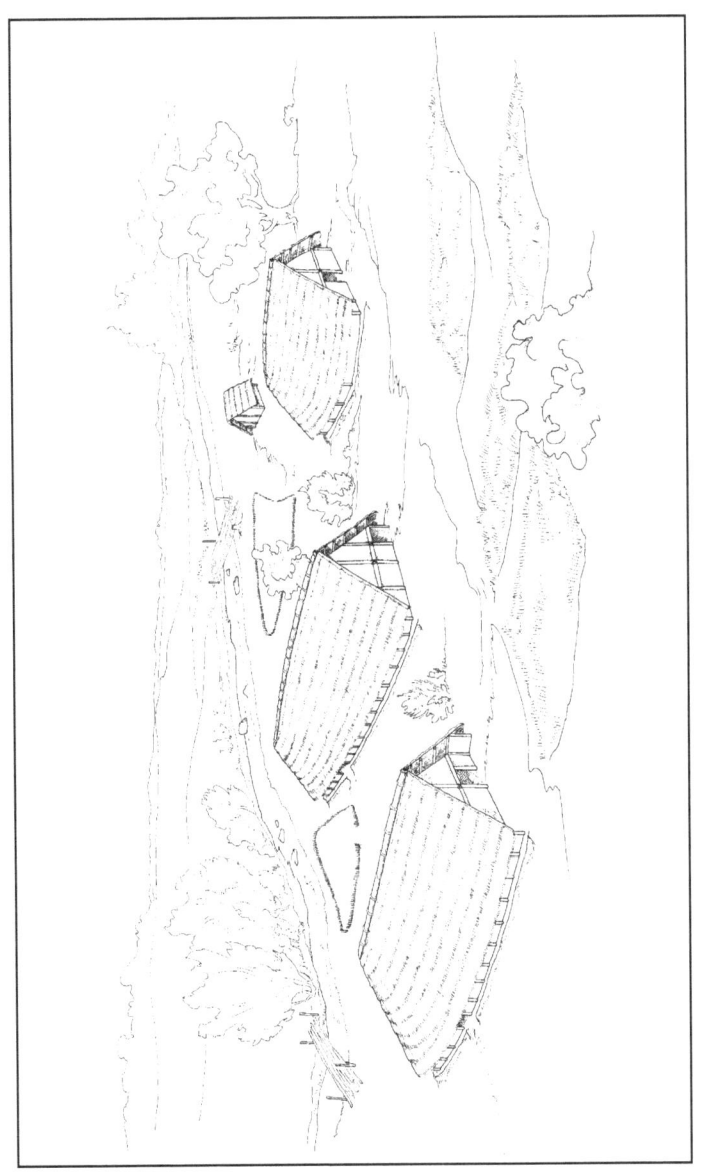

Foto auf Seite 25:

Roseninsel im Starnberger See in der Feldafinger Bucht,
Gemeinde Feldafing (Oberbayern).
Die Insel liegt etwa 170 Meter vom Westufer des Sees entfernt.
Im frühen 19. Jahrhundert trug die Insel noch den Namen Wörth.
1859 kaufte König Maximilian von Bayern die Insel
und ließ dort ein ruhiges Sommerdomizil schaffen.
Dem Rosengärtchen mit hunderten von hochstämmigen Duftrosen
und einer fünf Meter hohen, blau-weißen Glasssäule
in seiner Mitte verdankt die Insel ihren heutigen Namen.
Archäologische Funde auf der Roseninsel deuten darauf hin,
dass Angehörige der Straubinger Kultur
möglicherweise auch auf Inseln in Seen siedelten.

wurde. In Zuchering-Süd fand man neben Resten der Getreidearten Gerste *(Hordeum vulgare)*, Emmer *(Triticum dicoccon)* und Einkorn *(Triticum monococcum)* sowie vermutlich Dinkel *(Triticum spelta)* den gezähnten steinernen Einsatz einer Sichel für die Ernte.

Tierknochen und -zähne aus Siedlungen und Gräbern sind Indizien für die Haltung von Rindern, Schweinen, Schafen, Ziegen, Hunden und Pferden als Haustiere. Backenzähne und Unterkieferhälften von Rindern kamen in Gräbern und anderen Stellen von Raisting am Ammersee (Kreis Weilheim-Schongau) zum Vorschein. Aus dem Mittelhandknochen einer erwachsenen Kuh von Zuchering-Süd ließ sich eine Widerristhöhe von 1,11 Metern errechnen, aus dem Fersenbein eines Schafes von dort eine Widerristhöhe von mindestens 64 Zentimetern. Skelettreste eines Schafes fand man in der Kiesgrube Dendl in Straubing. In Alteglofsheim (Kreis Regensburg) wurde ein Hundeskelett geborgen, in Zuchering-Süd ein Hundeknochen mit Abhäutungsspuren.

Hirschgeweihstücke in Siedlungsgruben und Eberzähne in Gräbern dokumentieren vermutlich die gelegentliche Jagd auf Rotwild *(Cervus elaphus)* und Wildschweine *(Sus scrofa)*. Bei den Schalen der Flussmuscheln in Straubinger Abfallgruben könnte es sich um Speisereste handeln.

Zum tönernen Essgeschirr gehörten Schüsseln und Schalen und zu den Trinkgefäßen Becher, Krüge und einhenkelige Töpfe. Nahrungsmittel bewahrte man in großen Vorratsgefäßen auf. Die Außenwandung der Grobkeramik war meistens mit Schlick beworfen, die

Gefäßschulter fast immer mit einer oder zwei Tupfenleisten verziert. Werkstoff der Feinkeramik ist ein sehr feinkörniger Ton. In Ornamentrillen der Feinkeramik hafteten manchmal noch Reste weißer Kalkpaste.

Als typische Tongefäße der Langquaid-Stufe gelten große Vorratsgefäße (Pithoi), Henkelkannen und Schalen. Die Pithoi haben ein mit Schlick beworfenes, raues Unterteil, ein glattes Oberteil und als Verzierung eine Kerbleiste, die häufig doppelhalbmondförmige Eindrücke aufweist. Die Henkelkannen sind oft mit horizontalen Linien oder punktgefüllten Dreiecken verschönert. Die Schalen hat man mit abgesetzten, breiten Randlippen und Henkeln versehen.

Als Rohstoff für die Kupfererzeugnisse der frühen Straubinger Kultur diente wohl vor allem das in den Nord- und Ostalpen vorkommende Kupfererz, das zu Barren geschmolzen wurde. Da die Barren der Straubinger Kultur – im Gegensatz zu denen im Bodenseegebiet und in Mitteldeutschland – ring- und stangenförmig statt beilartig waren, dürften diese unterschiedlich schweren Rohprodukte gewogen worden sein, um in verschiedenen »Währungen« tauschen zu können.

Das bisher größte Barrendepot der Frühbronzezeit in Süddeutschland wurde 1970 bei Erdbewegungen für eine Skiabfahrt auf dem Fuderheuberg bei Mauthausen (Kreis Berchtesgadener Land) entdeckt. Dort barg man insgesamt 628 Ringbarren und 119 Fragmente von solchen im Gesamtgewicht von etwa 150 Kilogramm. Das Depot wird im Museum Bad Reichenhall aufbewahrt.

Vorher hatte das 1928 von Arbeitern im Luitpoldpark von München-Schwabing aufgespürte Barrendepot mit 500 Stangenbarren im Gesamtgewicht von etwa 85 Kilogramm als das größte Barrendepot in Süddeutschland gegolten. Die zumeist aus Arsenbronze bestehenden Barren sind 19,4 bis 23,5 Zentimeter lang, durchschnittlich etwa 170 Gramm schwer und in etwa einem Meter Tiefe zum Vorschein gekommen.

Depots mit mehr als 100 Ösenringbarren kennt man auch von Pöcking[14] (Kreis Starnberg), Bernhaupten[15] (Kreis Traunstein) und Gammersham[16] (Kreis Rosenheim).

Beweise für den Bronzeguss der Langquaid-Leute lieferte die Höhensiedlung am Burgberg in Karlstein bei Bad Reichenhall (Kreis Berchtesgadener Land). Dort wurden Reste von drei steinernen Gussformen zutage gefördert, mit denen man Langquaid-Beile, Barren und Dolchklingen mit stark ausgeprägter Mittelrippe gießen konnte. Als Langquaid-Beile werden bronzene Randleistenbeile mit schmaler Bahn und halbkreisförmiger Schneide bezeichnet. Die Beile vom namengebenden Fundort Langquaid sind 14,4 bis 20,2 Zentimeter lang. Sie hatten vermutlich einen hölzernen Stiel.

Außer dem Depot in Langquaid wurden in Bayern weitere Funde mit Langquaid-Beilen und anderen Metallerzeugnissen entdeckt. Das Depot von Ittelsburg[17] (Kreis Unterallgäu) zum Beispiel enthielt fünf Langquaid-Beile, zwei andere Beile, zwei Beilbruchstücke und ein barrenartiges Fragment, einen Schmalmeißel, einen Dolch, zahlreiche Gussbrocken und einen Noppenring aus Golddraht.

Zum Depot von Regensburg-Hochweg[18] gehörten acht Langquaid-Beile, neun Knickrandbeile, zwei böhmische Absatzbeile, ein sehr schmales, langgestrecktes Beil mit hohen Randleisten, 19 kupferne Gussreste, ein Tongefäß sowie zwei Noppenringe aus Golddraht und ein gedrehter (tordierter) Goldring.

Die Beilklingen dürften zum größten Teil Waffen und nur selten Werkzeuge zur Holzbearbeitung gewesen sein. Diese Beilklingen besaßen kein Schäftungsloch wie die Axtklingen, in das der hölzerne Stiel gesteckt werden konnte. Man befestigte die Beilklingen an Abzweigungen von Kniehölzern.

Die zusammen mit einem Dolch in einem Männergrab von Alteglofsheim (Kreis Regensburg) zum Vorschein gekommene 20 Zentimeter lange Klinge eines zepterartigen Prunkbeils stammt aus dem schweizerischen Kanton Wallis. Der Besitzer dieser Waffen dürfte eine gehobene Stellung innegehabt haben, da für ihn ein mehr als zwei Meter tiefer Grabschacht ausgehoben wurde und zu seinen Grabbeigaben eine Ösenkopfnadel, zwei Spiralröllchen, ein Armring, acht tönnchenförmige Bronzeperlen und ein kleiner Lockenring aus Gold gehörten.

Weitere Waffen waren Kupferdolche, die meistens verstorbenen Männern, aber auch einigen weisen Frauen ins Grab mitgegeben wurden. Eine Frauenbestattung mit Dolch kennt man aus Gernlinden (Kreis Fürstenfeldbruck). Die meistens sechs bis zehn Zentimeter lange Klinge war mit zwei oder drei Nieten an einem Griff aus Holz befestigt und mitunter verziert. In Straubing (Ziegelei Jungmeier) kam ein nur vier Zentimeter langer Miniaturdolch zum Vorschein.

Nach der chemischen Zusammensetzung des Kupfers zu urteilen, waren die meisten Dolche der frühen Straubinger Kultur heimische Erzeugnisse. Doch es wurden auch welche von der südwestdeutschen Adlerberg-Kultur oder von der Aunjetitzer Kultur in Mitteldeutschland verwendet. Als Importe aus dem nördlichen Mitteleuropa gelten vier Kupferdolche aus Ingolstadt[19], die wegen ihrer Verbreitung dem Oder-Elbe-Typus zugerechnet werden. Dessen südlichster Fundort ist Ingolstadt.

Gestielte Pfeilspitzen aus Feuerstein und Pfeilschaftglätter belegen die Verwendung von Pfeil und Bogen. In einem Grab von Straubing (Ziegelei Jungmeier) lagen sechs Pfeilspitzen in der Gürtelgegend des Toten. Ein Pfeilschaftglätter wurde in einem Grab von Straubing (Ziegelei Ortler) geborgen.

Unter den Werkzeugen gab es häufig Feuersteinklingen und -spitzen, daneben Steinbeile, Mahlsteine, Knochenmeißel und -pfrieme sowie Hirschgeweihhacken.

Außer den Kupferdolchen aus fernen Gegenden dokumentieren Gehäuse von Täubchenschnecken *(Columbella rustica)* vom Mittelmeer und Bernstein von der Ostseeküste Tauschgeschäfte. 46 kleine Perlen aus Bernstein und vier aus fossilem Holz (Gagat) fanden sich in einem Grab von Ateglofsheim[20] (Kreis Regensburg), das nicht zum erwähnten Gräberfeld gehörte. Sie waren vermutlich zusammen mit zwölf Knochenscheiben-Ringen in einem Beutel oder

Säckchen untergebracht. Zwei goldbraune Bernsteinperlen kamen in einem Grab von Straubing (Ziegelei
Jungmeier) zum Vorschein.

Die Frauen der Straubinger Kultur trugen ungewöhn-
lich viel Schmuck auf dem Kopf, um den Hals, auf der
Brust, der Kleidung, an den Armen, Fingern und Beinen.
Die Schmuckstücke bestanden aus Schneckengehäusen,
Knochen, Zähnen, Bernstein, Kupfer und Gold.

Vor allem die Hauben der Frauen wurden reich ge-
schmückt. Man hat sie mit kupfernen Blechröhrchen,
Spiralröllchen (auch Saltaleoni genannt), spiralförmigen
Zierscheiben (Spiraltutuli) und Blechbändern behängt,
was offenbar für die damalige Frauentracht in Südbayern
typisch war. An einer Haube von Straubing (Ziegelei
Jungmeier) prangten auf Lederschnüren aufgefädelte
Blechröhrchen und Spiralröllchen. Mit einem Behang
aus Blechröhrchen und Gehäusen von Täubchenschnecken war eine Haube von Kay-Mühlham (Kreis
Traunstein) versehen. Eine Haube in Raisting war mit
einem Besatz aus Spiraltutuli und knöchernen, auf einem
Band aufgenähten Knöpfen verziert, wobei dieses
vermutlich zu beiden Seiten des Kopfes von der Haube
herunterhing.

Die in Frauen- und Männergräbern gefundenen
Schleifenringe sollten vielleicht das Kopfhaar in zwei
Schöpfen auf beiden Seiten zusammenzuhalten. An der
Schläfe trug man mitunter kupferne Blechbänder. Reste
von ihnen wurden in Mintraching (Kreis Regensburg)
und Oberhaching (Kreis München) geborgen. Das
längste Blechband in Oberhaching war 51,6 Zentimeter
lang, die Breite betrug 2,5 bis 3,2 Zentimeter.

Als Halsschmuck dienten Ketten mit aufgefädelten Muschelschalen, Schneckengehäusen, Bernsteinperlen, Knochenringen und kupfernen Brillenspiralen. Ein weiterer Halsschmuck waren kupferne Ösenhalsringe.

Drei Röhrchen von Zahnschnecken *(Dentalium)* wurden in einem Grab von Mintraching (Kreis Regensburg) zutage gefördert. Sie hingen vermutlich zusammen mit zwei Bernsteinperlen an einer Halskette. Ein Bernsteinring lag neben den Fußknochen.

Runde Bernsteinperlen konnten auch in Straubing (Ziegeleien Jungmeier und Ortler) nachgewiesen werden. In Gilching (Kreis Starnberg) gehörten zehn *Columbella*-Schneckengehäuse vom Mittelmeer zu einer Halskette. Aus einem Grab von Kronwinkl (Kreis Landshut) kennt man einen Halsschmuck aus fünf Knochenringen. Kupferne Brillenspiralen wurden in Mintraching, Raisting am Ammersee und in Straubing-Alburger Hochweg gefunden. Kupferne Ösenhalsringe lagen meistens einzeln und nur selten paarweise in Frauengräbern.

Auf der Brust funkelten manchmal große kupferne Blechzierscheiben und Spiraltutuli. Die Blechscheiben hatten einen Mittelkegel und Randlöcher, durch die sie auf der Unterlage befestigt waren. Als Tutulus wird ein knopfartiger Zierrat mit konischem oder stachelartig erhöhtem Mittelteil bezeichnet.

Hinter dem Rücken von einigen im Gräberfeld von Alteglofsheim (Kreis Regensburg) bestatteten Frauen befanden sich zwei oder vier große Spiraltutuli aus Bronzedraht. Sie wurden von parallel liegenden

Blechröhrchen-Bündeln eingerahmt. Die Spiraltutuli und Blechröhrchen gelten als Besatz und klappernder Behang des Kleidungsstücks von Frauen eines bestimmten Standes, das je nach Rang unterschiedlich verziert war.

Eine Zierde bildeten oft die knöchernen, kupfernen und bronzenen Nadeln, mit denen Gewänder zusammengehalten wurden. Die Knochennadeln imitierten teilweise metallene Vorbilder. Auch aus Eberzähnen hat man Nadeln geschnitzt. Etliche Knochennadeln besaßen einen verbreiterten Kopf oder eine verzierte Kopfplatte, die in der Mitte durchbohrt war. Bei den metallenen Nadeln gab es zunächst nur kupferne Scheibenkopf- und Rudernadeln, später jedoch auch bronzene Hülsenkopf-, Ösenkopf- und Kugelkopfnadeln.

Außerdem wurden die Arme mit kupfernen Reifen oder Spiralen behängt, an den Fingern steckten Spiralringe, an den Beinen baumelten in Höhe der Oberschenkel auf Lederschnüre aufgezogene Blechröhrchen, und an den Fußknöcheln prangten Spiralringe.

In einigen Gräbern lagen sogar Schmuckstücke aus Gold. Aus Gernlinden (Kreis Fürstenfeldbruck) kennt man eine goldene Spirale, aus Mintraching (Kreis Regensburg) zwei goldene Noppenringe und aus dem Inn bei Töging (Kreis Altötting) Golddrahtschmuck. In Alteglofsheim (Kreis Regensburg) hatte man nicht nur den erwähnten bedeutenden Krieger, sondern auch ein verstorbenes fünfjähriges Kind mit Goldschmuck ausgestattet.

Die Verstorbenen wurden nur ausnahmsweise in isolierter Lage beerdigt. Meistens legte man einige

Josef Keim (1883–1973),
dem Vorstand des Historischen Vereins
und Leiter des Straubinger Museums,
ist die Rettung der Beigaben
aus den im Winter 1941/42
beim Lehmabbau entdeckten Gräbern
in Straubing (Ziegelei Ortler) zu verdanken.

hundert Meter von der Siedlung entfernt ein Gräberfeld an. Dort bettete man die Toten überwiegend einzeln,
selten zu zweit, in Flachgräber.

Bei den Bestattungen achteten die Straubinger Leute
darauf, dass die Männer auf der linken und die Frauen
auf der rechten Seite lagen. Außerdem war die
Hockerstellung üblich, bei der die Beine zum Körper
hin angezogen wurden. Zumindest in der Anfangszeit
ruhte bei den Männern der Kopf im Norden bis
Nordosten mit Blickrichtung nach Osten bis Südosten.
Bei den Frauen war der Kopf zum Süden bis Südwesten
ausgerichtet, während der Blick nach Osten bis Südosten
wies. Diese Orientierungen der Toten sind nur bei
Beobachtung des Sonnenstandes und Festlegung der
Himmelsrichtung möglich.

Bei einem in Mintraching (Kreis Regensburg) bestatteten Mann waren die Beine extrem abgewinkelt und
die Unterschenkel bildeten fast eine Parallele zu den
Oberschenkeln. Der Ausgräber Hannsjürgen Werner
aus Neutraubling erklärte die ungewöhnliche Lage der
Beine damit, dass diese gefesselt worden sind.

Das von 1899 bis 1902 vom Historischen Verein Straubing untersuchte Gräberfeld in der Ziegelei Ortler in
Straubing umfasste insgesamt 22 Gräber. Zu dem im
Winter 1941/42 beim Lehmabbau durch einen Bagger
aufgedeckten Gräberfeld in der Ziegelei Jungmeier
gehörten 36 Gräber. Die meisten Skelette aus dem tief-
gefrorenen Straubinger Boden wurden nicht aufbewahrt
und untersucht. Der Vorstand des Historischen Vereins
Straubing und Leiter des Straubinger Museums, Josef
Keim (1883–1973), hat aber die Grabbeigaben gerettet.

Weitere Gräberfelder der Straubinger Kultur kennt man von Alteglofsheim[21] im Kreis Regensburg (vermutlich mehr als 60 Gräber), Mangolding[22] und Mintraching[23] im Kreis Regensburg (56 und 23 Gräber), Raisting am Ammersee[24] im Kreis Weilheim-Schongau (45 Bestattungen), Kleinaitingen[25] im Kreis Augsburg (39 Gräber) und Kronwinkl[26] im Kreis Landshut (32 Gräber). Kleinere Friedhöfe wurden in Gernlinden[27] im Kreis Fürstenfeldbruck (sechs Gräber), München-Englschalking[28] (sechs Gräber) und Poing[29] (sechs Gräber) aufgedeckt.

In Raisting waren die Gräber in zwei Gruppen angeordnet, bei denen jeweils am Rand ein Pfostenbau stand. Manche der dortigen Gräber hatten eine Einfassung aus Geröll, Wand- und Deckbrettern, und in einem befand sich ein Baumsarg. In Poing markierten Pfosten die Gräber und verhinderten so bei neuen Bestattungen Überschneidungen. Ein Grab in Kleinaitingen war mit einem 1,4 Meter langen, zentnerschweren Stein bedeckt, und der Tote ruhte in einer zwei Meter langen Steinkammer.

Vom Grünspan des Kupfers verfärbte Knochen und der an den Gebeinen fehlende Schmuck lassen keinen Zweifel daran, dass hier Grabräuber am Werk waren, die es vor allem auf die wertvollen Metallbeigaben abgesehen hatten. Auf solche Spuren von »Leichenfledderei« stieß man in Poing und Kleinaitingen.

Die Hinterbliebenen versahen die Toten nur selten mit Ess- und Trinkgeschirr. Bei den Tierknochen und -zähnen aus Gräbern handelt es sich entweder um Reste von Speisebeigaben für die Verstorbenen oder um

Amulette und Schmuck. Die Männer rüstete man mit Kupferdolchen, steinernen Pfeilspitzen, Schmuck und Tongefäßen für das Weiterleben im Jenseits aus. Die Frauen erhielten neben Tongefäßen reichlich Schmuck. Die über manchen Gräbern vorgefundenen Bruchstücke von Tongefäßen spiegeln vielleicht den Brauch wider, bei Totenfeiern Tongefäße zu zertrümmern. Solche Scherbenstreuungen fand man beispielsweise in Raisting am Ammersee.

Die Grab- und Bestattungsformen der Langquaid-Stufe waren nicht einheitlich. Es gab Flachgräber (Malching, Kelheim), in zunehmendem Maße Grabhügel (Hatzenhof, Kösching), Körper- und Brandbestattungen in tönernen Urnen (Kelheim, Malching, Unterföhring) sowie Bestattungen von Kindern in Tongefäßen (Pithos-Bestattung). Von letzteren ist allerdings nur je ein Fall aus Kelheim und Mintraching bekannt.

Die Versteckfunde von Tongefäßen, Waffen und Schmuck sind möglicherweise nicht nur Materiallager von Händlern gewesen, sondern zum Teil auch Opfergaben für die Götter. Mit Opferzeremonien wird vor allem die Deponierung von Tongefäßen in Gruben oder Höhlen in Verbindung gebracht. Allein in der Höhle Schulerloch[30] im Altmühltal (Kreis Kelheim) fand man Scherben von ungefähr 50 polierten Tongefäßen – darunter meistens Tassen und Krüge von bester Qualität –, die offenbar eigens für Opferzwecke hergestellt worden waren.

Opfergaben könnten auch jene metallenen Dolche gewesen sein, die in Flüssen versenkt wurden. Vielleicht wollte man mit Flussopfern sichere Überfahrten von

Göttern erflehen oder sich bei diesen für heil überstandene Überquerungen bedanken. Oder man hielt Flüsse für den Wohnsitz bestimmter Götter.

Der Münchner Prähistoriker Rudolf Albert Maier betrachtete 1988 die an Seen und Mooren entdeckten Depots von kupfernen Ösenhalsringen als standardisierte Opfer und quasi »heiliges Geld«. Zu dieser Kategorie von Opfern rechnete er den Moorfund am Ostufer des Waginger Sees bei Kirchanschöring (Kreis Traunstein) und den Fund auf den »Rohrwiesen« im Nordteil des Erdinger Mooses bei Eitting-Moos (Kreis Erding). Im ersteren Fall handelt es sich um sechs kupferne Ösenhalsringe in abgestufter Größe und im zweiten um drei davon.

Ein weiterer Opferfund könnte das Depot von 71 kupfernen Spangenbarren bei Haag an der Amper[31] (Kreis Freising) gewesen sein. Denn diese Barren im Gesamtgewicht von 5,2 Kilogramm wurden in einem Altwasser oder einem Auetümpel der Amper versenkt. Ein Metallhändler oder Kupfergießer hätte dies wohl kaum getan, wenn er ernsthaft bestrebt gewesen wäre, seinen Schatz jemals wieder zu heben.

Anmerkungen

Die Frühbronzezeit in Deutschland
1] Die Zusammenstellung dieser Übersicht über die Verbreitung und Zeitdauer von Kulturen der Frühbronzezeit entstand 1996 mit Hilfe des Anthropologen Peter Schröter von der Anthropologischen Staatssammlung, München sowie der Prähistoriker Friedrich Laux vom Hamburger Museum für Archäologie, Hamburg-Harburg, Rüdiger Krause vom Landesdenkmalamt Baden-Württemberg, Stuttgart, und Joachim Köninger aus Freiburg/Breisgau.

Die Straubinger Kultur
1] Das Depot von Langquaid wurde im Frühjahr 1907 beim Setzen von Masten in einer Hopfenanlage auf dem Südhang des Grubberges entdeckt.
2] Die Ausgrabungen vom Herbst 1987 bis Ende 1990, bei denen die frühbronzezeitliche Siedlung südlich von Zuchering zum Vorschein kam, wurden durch die geplante Verlegung der Eisenbahnlinie und die Neutrassierung der Bundesstraße 16 ausgelöst.
3] Im Sommer 1941 und im Jahre 1942 wurde in der durch den Bagger abgebauten Ernstschen Lehmgru-be von Gaimersheim je eine Siedlungsgrube mit Keramikresten freigelegt.
4] In Sengkofen wurde 1972 die Abfallgrube einer Töpferei entdeckt. Die dazugehörige Siedlung wird an derselben Lokalität vermutet.

5] 1954 stieß man in der Gemeindekiesgrube von Malching, dem so genannten Ganzel-Büchel, auf einen frühbronzezeitlichen Bestattungsplatz, an dessen Entdeckung und Dokumentation der Bildhauer und örtliche Mitarbeiter des Bayerischen Landesamtes für Denkmalpflege, Dominik Dengl aus Malching, maßgeblich beteiligt war. Eine damals vom Bayerischen Landesamt für Denkmalpflege eilig organisierte Notbergung erlaubte kaum feste Aussagen über die örtliche Befundsituation. 1958/59 wurden am Südrand jener Kiesgrube einige Brandbestattungen vom Ende der frühen Bronzezeit angeschnitten, was eher auf einen Bestattungsplatz als auf eine Flachlandsiedlung hindeutet. Grab 1 wurde im September 1958 entdeckt. Die Gräber 2 und 3 kamen im Januar 1959 zum Vorschein. Aus früheren Fundmeldungen geht hervor, dass zwischen 1946 und 1948 eine geringe Zahl von Körpergräbern zerstört wurde. Schon 1930 soll in Nähe der Fundstelle eine Bestattung festgestellt worden sein.

6] Neuerdings bezweifeln einige Prähistoriker, dass es während der Frühbronzezeit Höhensiedlungen gegeben haben soll.

7] Auf dem Schlossberg von Kallmünz nahm 1957 der Regensburger Prähistoriker Armin Stroh eine Sondage vor.

8] Über die Funde aus der Reisensburg bei Günzburg wurde erstmals 1906 und ab 1913 fortlaufend im »Dillinger Jahrbuch« berichtet. Staatlich organisierte Ausgrabungen erfolgten 1968, 1970 und 1992.

9] Auf dem Margarethenberg bei Burgkirchen an der Alz wurde 1857, 1970 (Landesamt für Denkmalpflege),

40

1978 (Landesamt für Denkmalpflege und Universität München), 1981 (Universität München) und 1984/85 (Landesamt für Denkmalpflege) gegraben.

10] Auf dem Einsiedelbuckel bei Passau fand Dominik Dengl (s. Anm. 5) in den 1950-er Jahren viel frühbronzezeitliche Keramik, Hüttenlehm und Steine.

11] Auf dem Bogenberg bei Bogen führte 1950/51 der damals in Straubing arbeitende Prähistoriker Hans-Jürgen Hundt (1909–1990) Grabungen durch. 1995 begann der Regensburger Archäologe Alfred Reichenberger mit Grabungen.

12] Auf dem Frauenberg bei Weltenburg hat bereits vor 1808 ein Forstmeister namens Schmid mehrere Grab-hügel untersucht, wobei er unter anderem zwei An-tennenschwerter vom Typ Weltenburg aus der späten Urnenfelder-Zeit entdeckte. 1909 kamen im Bereich des Klosterkreuzganges Siedlungsspuren der Bronze- und Latène-Zeit zum Vorschein. 1938 nahm der Prähistoriker Werner Krämer aus München eine erste systematische Plangrabung vor, wobei er vorwiegend auf Siedlungsspuren aus der Frühbronzezeit und der Latène-Zeit stieß. In den Jahren vor und nach dem Zweiten Weltkrieg erfolgten regelmäßige Geländebegehungen und Fundaufsammlungen durch den Heimatforscher Josef Leichtl (1908–1988) aus Weltenburg, den Pater Benedikt Paringer (1875–1960) aus dem Kloster Weltenburg sowie den Justizinspektor und Heimatforscher Alexander Oberneder (1883–1968) aus Kelheim. 1978 bis 1980 nahm das Institut für Ur- und Frühgeschichte der Universität Erlangen unter Leitung des Prähistorikers Konrad Spindler (1939–2005) Grabungen vor. Seit 1990 gräbt der Prähistoriker Michael M. Rind aus Kelheim auf dem Frauenberg.

13] Auf der Roseninsel im Starnberger See wurden seit 1850 bei Bauarbeiten für das königliche Kasino und bei Schürfungen durch verschiedene Privatleute Funde geborgen. 1864 glaubte der schweizerische Geologe und Naturforscher Édouard Désor (1811–1882) aus Neuenburg, Überreste von Pfahlbauten auf der Roseninsel entdeckt zu haben. Von 1864 bis 1874 führten Moritz Wagner (1813–1887), Konservator der ethnologischen Sammlung des Staates in München, und später Sigmund von Schab (1817–1887), Landrichter aus Starnberg, umfangreiche Grabungen durch. 1895 unternahm die Prähistorische Staatssammlung Grabungen und 1915 Prinz Ferdinand Maria von Bayern (1884–1958). 1943 und 1944 wurden auf dem umgebenden Seegrund an der Süd- und Ostseite der Insel Gefäßscherben gefunden.

14] Das Depot von Pöcking (Gemarkung Aschering) wurde 1911 im Bereich des Dorfweihers, etwa 350 Meter von der Kirche in Aschering entfernt, entdeckt.

15] Das Depot von Bernhaupten wurde 1883 in einem kleinen Hügel nahe dem Bahneinschnitt bei der Station Bergen freigelegt.

16] Das Depot von Gammersham kam 1908 beim Umpflügen der »Schelmenwiese« zum Vorschein.

17] Das Depot von Ittelsburg wurde 1951 entdeckt.

18] Das Depot von Regensburg-Hochweg wurde 1937 etwa Zentimeter unter dem Straßenpflaster gefunden.

19] Auf die vier Kupferdolche aus Ingolstadt stieß man im Sommer 1984 bei Bauarbeiten auf dem Betriebsgelände der Automobilfirma AUDI.

20] Das Grab von Alteglofsheim mit 46 kleinen Bernsteinperlen und vier Gagatperlen wurde 1983 von dem Bautechniker, Stadtheimatpfleger von Neutraubling und professionell arbeitenden Amateur-Archäologen Hannsjürgen Werner im Auftrag des Bayerischen Landesamtes für Denkmalpflege, Regensburg, freigelegt.

21] Das Gräberfeld von Alteglofsheim-Wieskapelle wurde in den 1970-er Jahren von Josef Hendlmeir aus Pfakofen entdeckt.

22] Das Gräberfeld von Mangolding wurde im Herbst 1964 durch die Brüder Robert und Gerhard Pleyer aus Regensburg entdeckt.

23] Das Gräberfeld von Mintraching wurde im November 1966 von Hannsjürgen Werner (s. Anm. 20) entdeckt. Ihm waren ausgeackerte menschliche Skelettreste aufgefallen. Im Herbst 1967 und 1968 fanden Werner und der Amateur-Archäologe Hugo Rehorik aus Burgweinting erneut ausgepflügte Bestattungen. Weitere Gräber wurden von Werner 1969, 1970, 1971, 1972, 1977, 1981 und 1984 festgestellt.

24] Das Gräberfeld von Raisting wurde 1964/65 untersucht. Anlass der Sicherungsgrabungen war ein Kiesgrubenbetrieb.

25] In Kleinaitingen wurden 1962 und 1974 je ein Grab sowie 1980 und 1981 weitere 34 Gräber entdeckt. Die Notbergung von 1980 und die Untersuchung von 1981 erfolgten durch den Archäologen Wolfgang Czysz vom Bayerischen Landesamt für Denkmalpflege, Außenstelle Schwaben, in Augsburg.

26] Das Gräberfeld von Kronwinkl wurde beim Abbau einer Kiesgrube entdeckt. Die Bergungsgrabung erfolgte im August 1956 durch Wilfried Titze vom Bayerischen Landesamt für Denkmalpflege.

27] Ende 1935 kamen in der Nordostecke des Flugplatzes westlich von Gernlinden bei der Anlage eines Abstellgleises Skelette zum Vorschein. Damals wurde das Grab 1 von Arbeitern freigelegt. Am 28. und 29. Dezember 1935 wurden die Gräber 2 und 3 durch den Grabungstechniker Josef Maurer (1866–1936) aus München geborgen. Als im Sommer 1976 Strafgefangene der Justizvollzugsanstalt Fürstenfeldbruck eine Kiesgrube mit Müll und Schutt verfüllten, lösten sich von der Kante am südlichen Kiesgrubenrand ein menschlicher Schädel und ein Bronzeobjekt. Davon erfuhren neben der Landespolizeistation und dem Landeskriminalamt auch der Kreisheimatpfleger und das Landesamt für Denkmalpflege. Das Bronzeobjekt wurde als bronzezeitliche Dolchklinge identifiziert. Am 2. und 4. August 1976 besichtigte der Münchener Prähistoriker Erwin Keller vom Landesamt für Denkmalpflege die Fundstelle und barg drei weitere Gräber.

28] Das Gräberfeld von München-Englschalking wurde bei Notgrabungen in einer frühmittelalterlichen Siedlung freigelegt.

29] Auf das Gräberfeld von Poing stieß man im Mai 1986 bei der archäologischen Untersuchung des westlich

von Poing gelegenen Baugeländes der Firma Siemens.
30] In der Höhle Schulerloch hat 1901, 1907 und 1908
Alexander Oberneder (s. Anm. 12) aus Kelheim
geschürft. 1915 nahm der Prähistoriker Ferdinand
Birkner (1868–1944) aus München eine Grabung vor,
bei der neben Steingeräten aus dem Alt- und Mittel-
paläolithikum auch Funde aus der Frühbronzezeit
geborgen wurden.
31] Im Frühjahr 1985 gelangte durch Vermittlung des
Kreisheimatpflegers Erwin Neumair aus Freising ein
Spangenbarrendepot an die Abteilung Bodendenkmalpflege des Bayerischen Landesamtes für Denkmalpflege, der im Talgrund der Amper in vier Meter
Tiefe zum Vorschein gekommen war.

Literatur

Die Frühbronzezeit in Deutschland
ABELS, Björn-Uwe: Archäologischer Führer Oberfranken, Stuttgart 1986
BECKER, Bernd / KRAUSE, Rüdiger / KROMER, Bernd: Zur absoluten Chronologie der Frühen Bronzezeit. Germania, Band 67, 2. Halbband, S. 421–442, Frankfurt/Main 1989
BERGER, Arthur: Die Bronzezeit in Ober- und Mittelfranken. Materialhefte zur Bayerischen Vorgeschichte, Reihe A, Band 52, Kallmünz 1984
BERGMANN, Joseph: Zur frühen und älteren Bronzezeit in Niedersachsen. Germania, Jahrgang 30, S. 21–30, Frankfurt/Main 1952
FRÖHLICH, Siegfried: Zur Archäologie der Bronzezeit und der vorrömischen Eisenzeit in Niedersachsen. Ausgrabungen in Niedersachsen. Archäologische Denkmalpflege 1979–1984. Herausgegeben von der Archäologischen Denkmalpflege im Institut für Denkmalpflege, Niedersächsisches Landesverwaltungsamt durch Klemens Wilhelmi. Berichte zur Denkmalpflege in Niedersachen, Beiheft 1, S. 139–141, Stuttgart 1985
HERRMANN, Joachim (Herausgeber): Archäologie in der Deutschen Demokratischen Republik, Stuttgart 1989
HOLSTE, Friedrich: Die Bronzezeit in Süd- und Westdeutschland. Handbuch der Urgeschichte Deutschlands, Band 1, Berlin 1953

HORST, Fritz: Bemerkungen zur chronologischen Einordnung der frühen und älteren Bronzezeit im mitteleuropäischen Raum. Aus: Beiträge zur Geschichte und Kultur der mitteleuropäischen Bronzezeit, Teil I, S. 169–178, Berlin/Nitra 1990

JACOB-FRIESEN, Karl Hermann: Einführung in Niedersachsens Urgeschichte. 2. Teil. Bronzezeit, Hildesheim 1963

JOCKENHÖVEL, Albrecht: Raum und Zeit – Gliederung der Bronzezeit. Aus: JOCKENHÖVEL, Albrecht / KUBACH, Wolf (Herausgeber): Bronzezeit in Deutschland, Sonderheft der Zeitschrift »Archäologie in Deutschland«, S. 11–14, Stuttgart 1994.

JUNGHANS, Siegfried / KLEIN, Hans / SCHEUFELE, Erwin: Untersuchungen zur Kupfer- und Frühbronzezeit Süddeutschlands. 34. Bericht der Römisch-Germanischen Kommission 1951–1953, S. 77–114, Berlin 1954.

LAUX, Friedrich: Die Bronzezeit im mittleren Niedersachsen. Führer zu vor- und frühgeschichtlichen Denkmälern, Band 48. Hannover, Nienburg, Hildesheim, Alfeld, Teil I: Einführende Aufsätze, S. 74–90, Mainz 1981

LICHARDUS, Jan: Beiträge zur jüngeren Steinzeit und Bronzezeit im Saar-Mosel-Raum. II. Entstehung der frühen Bronzezeit. 25./26. Bericht der Staatlichen Denkmalpflege im Saarland, S. 31–60, Saarbrücken 1980

REINECKE, Paul: Zur chronologischen Gliederung der süddeutschen Bronzezeit. Germania, Jahrgang 8, S. 43–44, Frankfurt/Main 1924

SCHAUER, Peter: Forschungen zur Geschichte der Bronzezeit in Deutschland. Aus: Ausgrabungen in Deutschland. Teil 1. Vorgeschichte – Römerzeit, S. 121–124, Mainz 1975

SCHUBERT, Eckehart: Studien zur frühen Bronze-zeit an der mittleren Donau. 54. Bericht der Römisch-Germanischen Kommission 1973, Berlin 1974

SCHUCHHARDT, Carl: Vorgeschichte von Deutsch-land, München und Berlin 1928

SCHUMACHER, Karl: Stand und Aufgaben der bronzezeitlichen Forschung in Deutschland. 10. Bericht der Römisch-Germanischen Kommission, S. 7–85, Frankfurt/Main 1918

SCHWANTES, Gustav: Vorgeschichte von Schleswig-Holstein. Stein- und Bronzezeit, Neumünster 1934–39.

STEINER, Ute: Ausgrabungen und Funde. Register-band für die Jahrgänge 1–25, Berlin 1983

STRUVE, Karl W.: Die frühe Bronzezeit (Periode I). Aus: STRUVE, Karl W. / HINGST, Hans / JAN-KUHN, Herbert: Von der Bronzezeit zur Völkerwan-derungszeit, S. 12–26, Neumünster 1979

WEBER, Gesine: Die Frühe Bronzezeit. Aus: WE-BER, Gesine: Händler, Krieger, Bronzegießer. Bronzezeit in Nordhessen. Vor- und Frühgeschichte im Hessischen Landesmuseum in Kassel, Heft 3, S. 56–69, Kassel 1992

Die Straubinger Kultur

BANKUS, Mark: Frühe und mittlere Bronzezeit. Aus: RIEDER, Karl Heinz / TILLMANN, Andreas (Her-ausgeber): Archäologie um Ingolstadt. Die archäologischen Untersuchungen beim Bau der B 16 und der Bahnverlegung, S. 53–88, Kipfenberg 1995

BEHRENS, Gustav: Straubinger Stufe. Aus: EBERT, Max (Herausgeber): Reallexikon der Vorgeschichte, Band 12, S. 460, Berlin 1928

BIRKNER, Ferdinand: Ur- und Vorzeit Bayerns, München 1936

BOESSNECK, Joachim: Studien an vor- und frühgeschichtlichen Tierresten Bayerns. II. Zur Entwicklung vorund frühgeschichtlicher Haus- und Wildtiere Bayerns im Rahmen der gleichzeitigen Tierwelt Mitteleuropas, München 1958

CHRISTLEIN, Rainer: Beiträge zur Stufengliederung der frühbronzezeitlichen Flachgräberfelder in Süddeutschland. Bayerische Vorgeschichtsblätter, Jahrgang 29, S. 25–63, München 1964

CZYSZ, Wolfgang: Frühbronzezeitliche Grabfunde von Kleinaitingen, Landkreis Augsburg, Schwaben. Das archäologische Jahr in Bayern 1980, S. 68–69, Stuttgart 1981

CZYSZ, Wolfgang: Der frühbronzezeitliche Friedhof von Kleinaitingen, Landkreis Augsburg, Schwaben. Das archäologische Jahr in Bayern 1981, S. 80–81, Stuttgart 1982

DANNHEIMER, Hermann: Prähistorische Staatssammlung München, München 1980

ECKES, Richard: Ein Hortfund der älteren Bronzezeit aus Regensburg. Germania, Jahrgang 22, S. 7–11, Frankfurt/ Main 1938

FILIP, Jan: Langquaid. Aus: FILIP, Jan (Herausgeber): Enzyklopädisches Handbuch zur Ur- und

Früh-geschichte Europas, Band 2, S. 676, Stuttgart 1969

HUNDT, Hans-Jürgen: Katalog Straubing. I. Die Funde der Glockenbecherkultur und der Straubinger Kultur. Materialhefte zur Bayerischen Vorgeschichte, Band 11, Kallmünz 1958

HUNDT, Hans-Jürgen: Ein frühbronzezeitlicher Depotfund von Oberhaching, Ldkr. München. Bayerische Vorgeschichtsblätter, Jahrgang 25, S. 1–16, München 1960

HUNDT, Hans-Jürgen: Beziehungen der »Straubinger« Kultur zu den Frühbronzezeitkulturen der östlich benachbarten Räume. Kommission für das Äneolithikum und die ältere Bronzezeit Nitra 1958, S. 145–176, Bratislava 1961

JACOBS, Johannes: Ein Depotfund aus der Bronzezeit bei Langquaid (B. A. Rottenburg). Beiträge zur Anthropologie und Urgeschichte Bayerns, Band 17, S. 33–36, München 1909

KIBBERT, Kurt: Die Äxte und Beile im mittleren Westdeutschland I. Prähistorische Bronzefunde IX, Band 10, München 1980

KOSCHIK, Harald: Älterbronzezeitliche Siedlungskeramik von Sengkofen, Lkr. Regensburg, Opf. Bayerische Vorgeschichtsblätter, Jahrgang 40, S. 34–67, München 1975

KOSCHIK, Harald: Ein Gräberfeld der frühen Bronzezeit von Gernlinden, Gde. Maisach, Fürstenfeldbruck/Obb. Aus: SCHRÖTER, Peter (Herausgeber): 75 Jahre Anthropologische Staatssammlung München 1902–1977, S. 67–74, München 1977

KOSCHIK, Harald: Die Bronzezeit im südwestlichen Oberbayern. Materialhefte zur Bayerischen Vorgeschichte, Reihe A, Band 50, Kallmünz 1981

KRAFT, Georg: Die Kultur der Bronzezeit in Süddeutschland, Augsburg 1926

MAIER, Rudolf Albert: Rinderbackzähne und Rinderkiefer in Frühbronzezeitgräbern von Raisting am Ammersee (Oberbayern). Germania, Jahrgang 50, S. 229–235, Frankfurt/Main 1972

MAIER, Rudolf Albert: Frühbronzezeitliche Ösenhalsringsätze von gestaffelter Größe aus Quellbächen und Mooren Südbayerns. Germania, Jahrgang 66, 1. Halbband, S. 150–154, Frankfurt/Main 1988

MENKE, Manfred: Frühbronzezeitliche Gußformen aus Karlstein, Ldkr. Berchtesgaden (Oberbayern). Jahrbuch des Römisch-Germanischen Zentralmuseums Mainz 1968, S. 69– 74, Mainz 1970

MENKE, Manfred: Zur vor- und frühgeschichtlichen Besiedlung im Reichenhaller Becken. Archäologisches Korrespondenzblatt, Band 1, S. 113–116, Mainz 1971

MENKE, Manfred: Studien zu den frühbronzezeitlichen Metalldepots Bayerns. Jahresbericht der bayerischen Bodendenkmalpflege, Band 19/20, München 1982

ORTNER, Heinrich: I. Ausgrabungen. 1. In der Ortler'schen Ziegelei. Jahresbericht des historischen Vereins für Straubing und Umgebung, Band 2, S. 1–3, Straubing 1900

PÄTZOLD, Johannes / UENZE, Hans Peter: Vor- und Frühgeschichte im Landkreis Griesbach. Kallmünz 1963

QUILLFELDT, Ingeborg von: Das frühbronzezeitliche Gräberfeld von Poing, Landkreis Ebersberg, Oberbayern. Das archäologische Jahr in Bayern 1986, S. 52–53, Stuttgart 1987

QUILLFELDT, Ingeborg von: Bronzezeitliche Bestattungen aus Poing, Landkreis Ebersberg, Oberbayern. Das archäologische Jahr in Bayern 1989, S. 61–63, Stuttgart 1990

REINECKE, Paul: Zur chronologischen Gliederung der süddeutschen Bronzezeit. Germania, Jahrgang 8, S. 43–44, Frankfurt/Main 1924

RIEDER, Karl Heinz: Vollgriffdolche der frühen Bronzezeit aus Ingolstadt. Das archäologische Jahr in Bayern 1984, S. 47–48, Stuttgart 1985

RIEDER, Karl Heinz: Ein frühbronzezeitlicher Siedlungsplatz südlich von Zuchering. Stadt Ingolstadt, Oberbayern. Das archäologische Jahr in Bayern 1990, S. 45–46, Stuttgart 1991

RUCKDESCHEL, Walter: Geschlechtsdifferenzierte Bestattungssitten in frühbronzezeitlichen Gräbern Südbayerns. Bayerische Vorgeschichtsblätter, Jahrgang 33, S. 18–44, München 1968

RUCKDESCHEL, Walter: Die frühbronzezeitlichen Gräber Südbayerns. Ein Beitrag zur Kenntnis der Straubinger Kultur. Antiquitas, Reihe 2, Band 11, Bonn 1978

RUCKDESCHEL, Walter: Das frühbronzezeitliche Gräberfeld von Mintraching, Kreis Regensburg. Bayerische Vorgeschichtsblätter, Jahrgang 50, S. 127–182, München 1985

SCHMOTZ, Karl: Ein bemerkenswertes Grabinventar der Frühbronzezeit aus Raisting in Oberbayern.

Archäologisches Korrespondenzblatt, Jahrgang 7, S. 31–35, Mainz 1977

SCHMOTZ, Karl: Die vorgeschichtliche Besiedlung im Isarmündungsgebiet. Materialhefte zur Bayerischen Vorgeschichte, Reihe A, Band 58, Kallmünz 1989

SCHÖNWEISS, Werner / WERNER, Hannsjürgen: Neuentdeckte Hockerbestattungen bei Mintraching und Alteglofsheim, Ldkr. Regensburg. Bayerische Vorgeschichtsblätter, Jahrgang 52, S. 231–239. München 1987

SCHRÖTER, Peter: Neue frühbronzezeitliche Flachgräberfelder bei Regensburg (Mangolding und Mintraching, Ldkr. Regensburg). Bayerische Vorgeschichtsblätter, Jahrgang 38, S. 14–51, München 1973

SCHRÖTER, Peter: Die menschlichen Skelettreste aus zwei Gräbern von Gernlinden, Gde. Maisach (Ldkr. Fürstenfeldbruck). Ein Beitrag zur Anthropologie der Frühbronzezeit in Südbayern. Aus: SCHRÖTER, Peter (Herausgeber): 75 Jahre Anthropologische Staatssammlung in München 1902–1977, S. 75–86, München 1977

SCHRÖTER, Peter: Die bronzezeitlichen Körpergräber von Nersingen. Aus: MACKENSEN, Michael (Herausgeber): Frühkaiserzeitliche Kleinkastelle bei Nersingen und Burlafingen an der oberen Donau. Münchner Beiträge zur Vor- und Frühgeschichte, Band 41, S. 181–221, München 1987

STEIN, Frauke: Bronzezeitliche Hortfunde in Süddeutschland. Beiträge zur Interpretation einer Quellengattung. Saarbrücker Beiträge zur Altertumskunde, Band 23, Bonn 1976

STEIN, Frauke: Katalog der vorgeschichtlichen Hortfunde in Süddeutschland. Saarbrücker Beiträge zur Altertumskunde, Band 24, Bonn 1979

TORBRÜGGE, Walter: Die Bronzezeit in der Oberpfalz. Materialhefte zur Bayerischen Vorgeschichte, Band 13, Kallmünz 1959

TORBRÜGGE, Walter: Die Bronzezeit in Bayern. Stand der Forschungen zur relativen Chronologie. Bericht der Römisch-Germanischen Kommission, Band 40, S. 1–78, Frankfurt/Main 1960

TORBRÜGGE, Walter: Grabhügel der frühen Bronzezeit in Süddeutschland. Abhandlungen der Naturhistorischen Gesellschaft Nürnberg, Band 39, S. 65–82, Nürnberg 1982

TORBRÜGGE, Walter: Über Horte und Hortdeutung. Archäologisches Korrespondenzblatt, Jahrgang 15, S. 17–23, Mainz 1985

WAGNER, Friedrich: Paul Reinecke zum Gedächtnis. Bayerische Vorgeschichtsblätter, Jahrgang 23, S. V-VIII, München 1958

WINGHART, Stefan / QUILLFELDT, Ingeborg von / SCHRÖTER, Peter: Bestattungen des Endneolithikums und der frühen Bronzezeit aus der Münchner Schotterebene. Bericht der Bayerischen Bodendenkmalpflege, Band 26/27, S. 92– 134, München 1985/ 86

Bildquellen

Klaus Benz, Fotograf, Mainz-Laubenheim: 59
Reproduktionen von Fotos aus dem Buch
»Deutschland in der Bronzezeit« (1996) von Ernst
Probst: 34 (Gäubodenmuseum Straubing), 1, 16
(Römisch-Germanisches Zentralmuseum, Mainz)
Reproduktionen einer Karte aus dem Buch »Deutsch-
land in der Bronzezeit« (1996) von Ernst Probst: 12
(Rainer Veit, Mainz)
Reproduktion einer Zeichnung aus dem Buch
»Deutschland in der Bronzezeit« (1996) von Ernst
Probst: 11 (Reproduktion aus Jorn Street-Jensen:
Christian Jürgensen Thomsen und Ludwig
Lindenschmit: Eine Gelehrtenkorrespondenz aus der
Frühzeit der Altertumskunde (1853–1964), Mainz
1985)
Reinraum: 25 (via Wikimedia Commons), Lizenz:
gemeinfrei
Zeichnung von Friederike Hilscher-Ehlert für das
Buch »Deutschland in der Bronzezeit« (1996) von
Ernst Probst: 23

Der Autor Ernst Probst

Ernst Probst, geboren am 20. Januar 1946 in Neunburg vorm Wald im bayerischen Regierungsbezirk Oberpfalz, ist Journalist und Wissenschaftsautor. Er arbeitete von 1968 bis 1971 als Redakteur bei den »Nürnberger Nachrichten«, von 1971 bis 1973 in der Zentralredaktion des »Ring Nordbayerischer Tageszeitungen« in Bayreuth und von 1973 bis 2001 bei der »Allgemeinen Zeitung«, Mainz. In seiner Freizeit schrieb er Artikel für die »Frankfurter Allgemeine Zeitung«, »Süddeutsche Zeitung«, »Die Welt«, »Frankfurter Rundschau«, »Neue Zürcher Zeitung«, »Tages-Anzeiger«, Zürich, »Salzburger Nachrichten«, »Die Zeit"«, »Rheinischer Merkur«, »Deutsches Allgemeines Sonntagsblatt«, »bild der wissenschaft«, »kosmos«, »Deutsche Presse-Agentur« (dpa), »Associated Press« (AP) und den

»Deutschen Forschungsdienst« (df). Aus seiner Feder stammen die Bücher »Deutschland in der Urzeit« (1986), »Deutschland in der Steinzeit« (1991), »Rekorde der Urzeit« (1992), »Dinosaurier in Deutschland« (1993 zusammen mit Raymund Windolf) und »Deutschland in der Bronzezeit« (1996). Von 2001 bis 2006 betätigte sich Ernst Probst als Buchverleger sowie zeitweise als internationaler Fossilienhändler und Antiquitäten-händler. Insgesamt veröffentlichte er mehr als 100 Bücher, Taschenbücher, Broschüren und E-Books.

Bücher von Ernst Probst

Affenmenschen
Von Bigfoot bis zum Yeti

Annie Oakley
Die Meisterschützin des Wilden Westens

Archaeopteryx. Der Urvogel aus Bayern

Christl-Marie Schultes. Die erste Fliegerin in Bayern
(zusammen mit Theo Lederer)

Cortés und Malinche. Der spanische Eroberer
und seine indianische Geliebte

Das Dinotherium-Museum Eppelsheim
Führer durch die Ausstellung
(zusammen mit Dr. Jens Lorenz Franzen
und Heiner Roos)

Der Europäische Jaguar

Der Mosbacher Löwe
Die riesige Raubkatze aus Wiesbaden

Der Rhein-Elefant
Das Schreckenstier von Eppelsheim

Der Schwarze Peter
Ein Räuber im Hunsrück und Odenwald

Der Ur-Rhein
Rheinhessen vor zehn Millionen Jahren

Deutschland im Eiszeitalter

Deutschland in der Frühbronzezeit

Deutschland in der Mittelbronzezeit

Deutschland in der Spätbronzezeit

Die Bronzezeit

Die Aunjetitzer Kultur

Die Straubinger Kultur

Die Adlerberg-Kultur

Die nordische Bronzezeit

Die Hügelgräber-Kultur

Die Lüneburger Gruppe in der Bronzezeit

Die Stader Gruppe in der Bronzezeit

Die Urnenfelder-Kultur

Höhlenlöwen. Raubkatzen
im Eiszeitalter

Johann Jakob Kaup
Der große Naturforscher aus Darmstadt

Julchen Blasius. Die Räuberbraut des Schinderhannes

Königinnen der Lüfte in Deutschland

Königinnen der Lüfte in England, Australien
und Neuseeland

Königinnen der Lüfte in Frankreich

Königinnen der Lüfte in Europa

Königinnen der Lüfte in Amerika

Königinnen der Lüfte von A bis Z

Königinnen des Tanzes

Löwenfunde in Deutschland, Österreich und der
Schweiz

Malende Superfrauen

Meine Worte sind wie die Sterne
Die Entstehung der Rede des Häuptlings Seattle
(zusammen mit Sonja Probst)

Monstern auf der Spur
Wie die Sagen über Drachen, Riesen
und Einhörner entstanden

Österreich in der Frühbronzezeit

Österreich in der Mittelbronzezeit

Österreich in der Spätbronzezeit

Pompadour und Dubarry. Die Mätressen
von Louis XV.

Raub-Dinosaurier von A bis Z.
Mit Zeichnungen von Dmitry Bogdanav
und Nobu Tamura

Rekorde der Urmenschen
Erfindungen, Kunst und Religion

Rekorde der Urzeit
Landschaften, Pflanzen und Tiere

Säbelzahnkatzen. Von *Machairodus*
bis zu *Smilodon*

Säbelzahntiger am Ur-Rhein. *Machairodus*
und *Paramachairodus*

Seeungeheuer
Von Nessie bis zum Zuiyo-maru-Monster

Superfrauen aus dem Wilden Westen

Superfrauen 1 – Geschichte

Superfrauen 2 – Religion

Superfrauen 3 – Politik

Superfrauen 4 – Wirtschaft und Verkehr

Superfrauen 5 – Wissenschaft

Superfrauen 6 – Medizin

Superfrauen 7 – Film und Theater

Superfrauen 8 – Literatur

Superfrauen 9 – Malerei und Fotografie

Superfrauen 10 – Musik und Tanz

Superfrauen 11 – Feminismus und Familie

Superfrauen 12 – Sport

Superfrauen 13 – Mode und Kosmetik

Superfrauen 14 – Medien und Astrologie

Tony und Bruno Werntgen. Zwei Leben
für die Luftfahrt (zusammen mit Paul Wirtz)

Zenobia von Palmyra. Eine Frau kämpft
gegen die Römer

Bestellungen bei: http://www.grin.com